SO SCHREIBEN SIE EINEN KURZEN FILM SCREENPLAY SCHNELL IN 1 TAG? -

EIN VOLLSTÄNDIGER SCHRITT-FÜR-SCHRITT PRAKTISCHER LEITFADEN, UM IHRE VAGUE-IDEE IN EINEN PERFEKTEN SCREENPLAY UMZUSETZEN...!!!

(ENGLISH TRANSLATION VERSION ATTACHED)

SASI KRISH

Copyright © 2018, 2019, 2020, 2021 von Sasi Krish. Alle Rechte vorbehalten.

Kein Teil dieser Publikation darf ohne die vorherige schriftliche Genehmigung des Herausgebers in irgendeiner Form oder mit irgendwelchen Mitteln, einschließlich Fotokopieren, Aufzeichnen oder anderer elektronischer oder mechanischer Methoden, oder durch ein System zur Speicherung und zum Abruf von Informationen reproduziert, verbreitet oder übertragen werden; außer bei sehr kurzen Zitaten, die in kritischen Übersichten enthalten sind, und bestimmten anderen nichtkommerziellen Verwendungen, die vom Urheberrecht erlaubt sind.

Dieses Buch wurde dank der kostenlosen Unterstützung von GOTT veröffentlicht;

Inhaltsverzeichnis

Warum habe ich dieses Buch geschrieben?

Warum sollten Sie dieses Buch lesen?

KAPITEL 1: DECIDE DEINE 1-LINE STORY

KAPITEL 2: FINDEN SIE EINE GROSSE LOGIK (1-LINE STORY)

KAPITEL 3: WARTEN SIE IMMER AUF NEUE IDEEN DER GESCHICHTE

KAPITEL 4: ERHÖHEN SIE 4 FRAGEN AUS IHRER LOGIK

KAPITEL 5: SKIZZIEREN SIE IHREN KURZFILM

KAPITEL 6: TEILEN SIE IHREN ÜBERBLICK IN 8 SCHRITTE AUF

KAPITEL 7: SZENE ORDNEN

KAPITEL 8: SCREENPLAY-DIALOGE SCHREIBEN

KAPITEL 9: SCREENWRITING SOFTWARE VERWENDUNG

KAPITEL 10: SCHRIFTSTELLEN IN ANDEREN SPRACHEN ALS ENGLISCH?

Über den Autor

WARUM HABE ICH DIESES BUCH GESCHRIEBEN?

Als Ursache und Wirkung einer starken Leidenschaft für das Filmschaffen in den letzten 15 Jahren bin ich zum Filmemacher motiviert worden. Der Filmemacher-Traum endete mit der Suche nach kommerziell gewinnbringenden Geschichten und schließlich erreichte ich einen Punkt, an dem ich anfing zu lernen, wie man ein "gutes Drehbuch" schreibt.

Ich begann, Filme nur dann kreativ zu lernen, wenn ich Filme mit einem Notebook beobachtete und notierte, indem ich jede Szene und jede Aufnahme mit den Fingern zählte und alles regelmäßig ordnete. Diese Praxis gab mir eine großartige "Einsicht" darüber, wie Filme in Aufnahmen aufgeteilt werden und wie jede Aufnahme eine sinnvolle Szene und insgesamt einen kompletten Film macht.

Nach einigen Monaten dieser Art von Filmbeobachtung begann ich Bücher von Autoren wie Syd Field über das Drehbuch zu lesen, das sehr leidenschaftlich ist. Langsam wurde süchtig nach Weltfilmen in allen Sprachen, wie Englisch, Italienisch, Iranisch, Koreanisch etc. und ich habe diese Filme erst nach dem Lesen des Drehbuchs von online gesehen. Jeder Film verblüffte mich mit seinem einzigartigen Schreibstil und seiner perfekten Machart. Diese Art von Übung förderte mein schriftstellerisches Interesse. Im Jahr 2014 wurde ich für den Internationalen Drehbuch-Workshop ausgewählt, der von IIT-Madras organisiert wurde. Das vertiefte mein schriftliches Wissen und gab mir großes Vertrauen in meine Drehbuchversuche.

Insgesamt habe ich meine letzten 15 Lebensjahre damit verbracht, zu lernen, wie man ein großartiges Drehbuch für Filme und Kurzfilme schreibt; und dieses Buch ist eine Essenz dessen, was ich in meinem Leben über das Drehbuchmachen und meine Versuche im Drehbuchschreiben gelernt habe. Bitte lesen Sie und profitieren Sie davon.

WARUM SOLLTEN SIE DIESES BUCH LESEN?

Dieses Buch wird dir helfen...

Weil in diesem sehr schnellen Internet-Zeitalter alle Smartphone mit hochwertigen Kameras im Inneren besitzen, so ist es möglich, alle Social-Media-Inhalte zu machen, um Ruhm leicht zu bekommen. Menschen, die Online-Inhalte wie Kurzfilme oder Musikvideos oder andere erstellen können, können sie in kurzer Zeit online berühmt machen. Nur sie wollen einige Filminhalte mit einigen Bearbeitungsfähigkeiten.

Aber jeder Inhalt, sollte richtig gescriptet werden, bevor sie in einen filmischen Inhalt organisiert werden, dann kann es nur prompt gedreht werden, um das Publikum zu erfreuen, diese Regel ist besonders wichtig für KURZE FILME.

Viele neue Kurzfilmemacher treten als erfolgreiche Filmregisseure im Mainstream-Kino auf, nachdem sie ihre leidenschaftlichen Fähigkeiten im Filmemachen unter Beweis gestellt haben, nachdem sie einige Kurzfilme gedreht hatten, bevor sie ins kommerzielle Kino springen, um Millionen als Gehälter zu verdienen.

Jede leidenschaftliche Filmemacherin, die gute Drehbücher für ihre Kurzfilmprojekte schreiben möchte, wird nach dem Lesen meiner Schritt-für-Schritt-Anleitung, wie man ein schnelles Drehbuch im Hollywood-E-Book machen kann, davon profitieren.

KAPITEL 1: DECIDE DEINE 1-LINE STORY

1. Finden Sie ein perfektes "1-Wort" aus Ihrer Story-Idee

Es ist keine offensichtliche Tatsache, dass irgendein Film, der aus "nur einem Wort" entstehen würde - ich habe kürzlich diese interessante und sehr nützliche Tatsache gekannt. Mein Drehbuchautor sagte mir, dass "Godfather" Film aus einem einzigen Wort "Besitz" geboren wurde. Ich dachte über diese Tatsache nach und erkannte, dass es genau das richtige Konzept war. Sie können so viele Filme wie möglich in Ihrer Favoritenliste sehen und das "ein Wort" auflisten, das in jedem Film versteckt ist. Tun Sie dies nur für Ihren Trainingszweck. Sie werden sicherlich erstaunt sein, dass alle großartigen Filme nur auf einem "perfekten Wort" basieren. Was ist dann Ihr perfektes Wort für Ihr Kurzfilm- oder Spielfilm-Drehbuchschreiben? Finde es zuerst heraus.

 # Notieren Sie Ihr Ein-Wort für Ihre Ideen.

Sie können ein weißes Blatt nehmen und dieses "ein Wort" aus Ihrer vagen Story-Idee notieren. Und notieren Sie das Wort, das Sie für Ihren Kurzfilm perfekt finden.

Nimm dir 10 Minuten oder mehr Zeit und notiere dir das perfekte Wort, das du für deine Geschichte gefunden hast (das muss nicht der Titel des Kurzfilms sein; das ist anders!).

#Hast du dein "Wunder 1 Wort" von deiner Ideenidee gefunden? Notiere es. In der großen Welt Blockbuster-Film "Pate" Geschichte ist das "Wunder 1 Wort" Possession. Was ist dein 1-Wort????

Das ist deine erste Aufgabe als Kurzfilm-Skript.

KAPITEL 2: FINDEN SIE EINE GROSSE LOGIK (1-LINE STORY)

1. Was ist eine LOGLINE??

#Jetzt hast du das kraftvolle, die Geschichte beschreibende 1-Wort in deiner Zeitung, okay. Was jetzt? Jetzt sollten Sie eine Zeile schreiben, die als 'LOGLINE' Ihrer Geschichte bekannt ist, basierend auf Ihrem 1-Wort extrahiert Sie sind Ihre vage Geschichte Idee.

#Zum Beispiel ist das Ein-Wort für "Pate" Film POSSESSION, wir haben bereits erzählt, und die Logline oder 1-Zeilen-Geschichte von Pate kann sein, wie der Don Vito Corleone (Marlon Brando) die Situation behandelt, die Stadt don geben der größte Besitz der Welt für seinen jüngeren Sohn. "So sollten Sie die 1-Linien-Idee Ihrer Geschichte einrahmen, nachdem Sie das richtige 1-Wort aus Ihrer vagen Story-Idee gefunden haben.

Nehmen Sie 1 weißes Blatt und notieren Sie mehr als eine Logline oder 1-zeilige Story-Ideen aus Ihrer vagen Story-Idee, was Ihr 1-Wort ausgewählt hat.

#Hör auf, die 1-Zeile zu schreiben, wenn du mit der besten Logline zufrieden bist. Nun hast du eine wichtige Aufgabe in der Reise deines großartigen Drehbuchs für deinen Kurzfilm erledigt (das wird deine letzte Story-Idee sein, die bereit ist, den nächsten Schritt weiter zu gehen, um den Umriss zu schreiben).

In der gegenwärtigen Situation des indischen Kinos offenbaren die meisten großen Regisseure ihre Blocklinie (1-Zeilen-Geschichte) zuerst den obersten Schauspielern (diese Schauspieler sind beschäftigt, in ihrem hektischen Zeitplan zu agieren, unfähig zu sitzen und die ganze Geschichte zu hören) und nachdem der Schauspieler gibt Seine Einwilligung oder seine Vorliebe für die 1-Zeilen-Geschichte des Regisseurs, dann wird der Regisseur ein Diskussionsteam organisieren und diese 1-Linien-Idee zu einem "gebundenen Skript" entwickeln, um dem Schauspieler zu erzählen, bevor sie das Schießen planen.

#Also, 1-Zeilen-Geschichte ist sehr wichtig für jeden Kurzfilm, Spielfilm, oder jede neue Idee, oder jede Web-Serie usw. aus der Sicht des Produzenten und des Schauspielers, wie sie ein riesiges Geld investieren werden, wenn diese Idee gemacht wird ein Film.

#Also, geben Sie bitte gute Pflege und schreiben Sie eine perfekte 1-Zeilen-Geschichte Idee FIRST.

1. Wie dein Logline sein sollte?

Lesen Sie zuerst die folgenden 3 Loglines und Sie erhalten eine Vorstellung von der Struktur Ihrer ersten 1-Wort Story oder Logline.

Beispiel 1: 1 Wort 'Vorfall'.

Logline: Wie zwei gespaltene dicke Freunde sich nach diesem speziellen Vorfall in der Bar wieder vereinigen (eine emotionale Idee).

Beispiel 2: 1 Wort 'Falle'

Logline: Held, der in der Zeitmaschine gefangen ist, nachdem er den Passcode vergessen hat und wie er in die Gegenwart zurückkehrt (eine Science-Fiction-Idee).

Beispiel 3: 1 Wort 'Realisierung'

Logline: Held und Heldin, wie sie ihre Liebe nach dem Teil ihres Lebens nach dem College-Leben verwirklichen (romantische Idee).

Verinnerlicht die Kernidee der 1-Zeilen-Geschichte von Ihrem mächtigen 1-Wort aus der vagen Geschichte Idee entschlüsselt?

Bitte wählen Sie eine einzeilige Story-Idee und wir können mit dem nächsten sehr wichtigen Kapitel beginnen, um den Rahmen für Ihren Kurzfilm zu gestalten.

Warum LOGLINES wichtig sind?

Eine einzeilige Story-Idee kann immer als großes Drehbuch um einige Prozesse erweitert werden, die wir in den folgenden Kapiteln lernen werden. Bevor Sie also einen Schauspieler, einen Produzenten oder einen Regisseur treffen, sollten Sie Ihre vielen Loglines Ihrer Stories aufbewahren und sie bei Bedarf preisgeben. Wenn sie eine bestimmte einzeilige Geschichte oder Logline ausmalen, können Sie Ihr komplettes Drehbuch zu dieser Idee zeigen. Dies ist eine effektive Idee, um Ihr Skript im Mainstream-Kino in Geld umzuwandeln.

Liste der auszuführenden Aufgaben:

1. 1. Am besten geeignet 1-Wort finden und notieren in dem Blatt, wo Sie Logline schreiben werden.
2. Schreiben Sie die am besten geeignete Logline (einzeilige Geschichte).

Übungstipps:

Nehmen Sie sich 30 Minuten bis 1 Stunde Zeit, um Ihre Logline oder 1-Zeilen-Story aus Ihrem perfekten 1-Wort zu schreiben.

Benötigtes Material:

1 weißes Blatt und Stift oder eine beliebige mobile Notiz-App zu schreiben.

KAPITEL 3: WARTEN SIE IMMER AUF NEUE IDEEN DER GESCHICHTE

Als Drehbuchautor sollten Sie folgende Punkte beachten.

Jede Geschichte ist nichts, sondern sollte eine Vorstellung davon sein, wie Menschen sein können oder eine Situation in einer verhüllten, bedingten Situation sein. Als Drehbuchautor sollten Sie darauf warten, dass neue Ideen in Ihrem Gehirn entstehen, bevor Sie sie in ein Drehbuch umwandeln (indem

Sie 1-Wort und dann eine Logline erstellen). Haben Sie schon einmal daran gedacht, wie Autoren in der Regel Ideen für ihre Kurz- oder Spielfilme oder Romane oder andere Inhalte bekommen?

Wachsam sein

#Schriftsteller sind immer wachsam in Bezug auf ihre umgebende Welt und bekommen viele Ideen aus ihren Lebenserfahrungen. Zum Beispiel, wenn Sie in einem lokalen Bus oder Zug oder während einer Flugreise reisen, treffen Sie neue Leute. Du solltest sie beobachten und deine Augen und Ohren öffnen, was sie mit sich selbst reden oder wie sie sich verhalten usw. Diese Art von Beobachtung wird dir helfen, wenn du über neue Ideen für deine Kurzfilme oder Spielfilme nachdenkst. Du kannst neue neue Charaktere aus allem erschaffen, was du in deinen Lebenssituationen beobachtet hast.

Behalte immer ein Notizbuch und einen Stift in deiner Tasche

Wenn du neue Leute oder Situationen triffst, solltest du neue und einzigartige Punkte wie neue Leute und ihr Verhalten und ihre Probleme usw. notieren. Jedes Mal kannst du eine Geschichte Idee von ihnen bekommen. Wenn Sie vergessen, eine Notiz von Zeit zu Zeit zu notieren, werden Sie nach einiger Zeit jede neue Idee aus dieser Situation vergessen.

Also, halten Sie immer einen Stift und ein kleines Notizbuch in Ihrer Tasche und notieren Sie neue Situationen oder neue Leute oft für die zukünftige Verwendung. Sie können auch eine beliebige mobile Notiz-App anstelle von Stift und Papier verwenden. Es ist deine Wahl.

KAPITEL 4: ERHÖHEN SIE 4 FRAGEN AUS IHRER LOGIK

1. BEREITSTELLEN SIE 4 FRAGEN

Benötigte Materialien: 4 einzelne weiße Blätter und Stift oder eine mobile App zum Schreiben.

Wenn Sie bereits verstanden haben, was das perfekte 1-Wort Ihres Kurzfilms ist, und es ist Logline (1-Zeilen-Geschichte), dann sind Sie bereit, zum nächsten Kapitel über 4 Fragen zu gehen, die Ihre Logline behalten.

Diese 4 Fragen sind sehr wichtig, wenn Sie auf Ihre Story-Point-of-View angemessene angemessene Antworten geben. Dann wird sich deine Geschichte weiterentwickeln.

Um einen 4-Fragen-Schritt einzugeben, sollten Sie jetzt 4 weiße Einzelblätter in der Hand halten. Sie sollten jede Frage, die Sie ansprechen wollen, oben auf jeder Seite schreiben, um Platz zum Ausfüllen zu schaffen. Also, 4 Seiten mit der Oberseite mit 4 Fragen, richtig?

Jetzt wissen wir, wie wir 4 Fragen aufwerfen und beantworten können.

1. WAS SIND DIESE 4 FRAGEN?

FRAGE 1: WER IST DEIN HELD ODER HEROIN DEINER GESCHICHTE?

Die Antwort kann dein Held sein, ein Mann oder eine Frau oder sogar ein Tier oder irgendwelche unbelebten Dinge usw. Bitte entscheide zuerst, wer dein Held ist. Schreibe es unter die Frage der ersten Seite.

Deine Geschichte könnte sich um irgendeinen Mann drehen, wie einen Studenten, König, Jäger, Geschäftsmann oder irgendjemand. Oder sogar eine weibliche Figur wie ein College-Mädchen, eine alte Frau, eine Königin oder irgendein Sportler usw. Oder sogar Ihr Held kann ein Hund, Pferd, Katze, Tiger oder Löwe oder irgendein anderer Vogel oder Insekt sein, oder sogar kann sei ein Steinfelsen...!!

Bitte entscheide dich zuerst für deinen HERO.

Beschreibe nun deinen Charakter basierend darauf

#Äußere Erscheinung (weiß oder schwarz oder kurz oder groß, hässlich oder gut aussehend usw).

#Interne psychologische Merkmale (zorniger junger Mann oder cool oder ängstlich oder Literat oder Analphabet etc.).

Seine oder seine Freunde, familiäre Umgebung, andere verwandte Charaktere etc.

Schreiben Sie die obigen Details in ein einzelnes Blatt unter der Frage # 1.

FRAGE #2: WAS IST DAS WICHTIGE PROBLEM IHRES HEROS IN DER GESCHICHTE?

Nun stellen Sie eine wichtige Frage nach dem wichtigen PROBLEM, dem Ihre Hauptrolle in Ihrem Kurzfilm gegenübersteht. Bitte schreibe es auf.

Das Problem kann zum Beispiel die Reise des Helden sein, um nach seinem vermissten Haustier oder irgendeiner Art von Beschreibung zu suchen.

#Das wichtige PROBLEM der Geschichte sollte klar und leicht lösbar oder für alle verständlich sein. Es ist sehr wichtig, denn das Publikum kann aus allen möglichen Gemeinschaften bestehen, oder Sie konzentrieren sich auf eine bestimmte Gemeinschaft oder Gesellschaft, es ist Ihr Wunsch als Schriftsteller.

Bitte schreibe diese Antwort in das Blatt 2 unter der Frage dafür.

FRAGE #3: <u>WAS IST DER HINTERGRUND DES WICHTIGEN PROBLEMS IHRES HEROS?</u>

Jetzt sollten Sie die Antwort auf die 3. Frage im 3. Einzelblatt schreiben. Die Antwort sollte beschreiben

#Der Hintergrund des Problems des Helden, d. H. Wie das Problem den Helden physisch und mental beeinflusst.

#Wer sind alle anderen Charaktere in das Problem des Helden einbeziehen.

#Wo das Problem passiert.

#Wie sich das Problem entwickelt.

Nach einer klaren Beschreibung der obigen Fragen zu den Zweigen, wird dieses 3. Blatt Ihnen ein 360-Grad-Verständnis Ihres Kurzfilms geben, basierend auf dem Problem des Helden.

Jetzt können wir zu Frage Nr. 4 übergehen.

FRAGE #4: <u>WAS IST DIE "LÖSUNG" FÜR DAS WICHTIGE PROBLEM IHRES HEROS?</u>

In der vierten und letzten Frage-Seite sollten Sie deutlich erwähnen, welche Lösung Sie dem Hauptproblem Ihres Helden in Ihrem Kurzfilm geben werden?

Die Auflösung Ihres Kurzfilms kann kurvenreich, akzeptabel und logisch und für Ihr Publikum verständlich sein.

Bitte schreibe die Problemlösung jetzt auf der 4. Antwortseite.

Das ist alles. Jetzt wird Ihre 1-zeilige LOGLINE als 4-seitiger, beschreibender, klarer Story-Inhalt entwickelt. Glückwunsch..!!

Nun, was ist es??

GLIEDERUNG von deiner Geschichte sollte geschrieben werden. Sollen wir jetzt zum aufregenden OUTLINE-Kapitel übergehen? Komm schon.

KAPITEL 5: SKIZZIEREN SIE IHREN KURZFILM

WAS BEDEUTET EIN OUTLINE?

Eine Reihe von Linien, die angeben, was die Form einer Geschichte oder einer Zeichnung ist, wird als OUTLINE bezeichnet. Hier meinen wir den Umriss als die Form unserer Kurzfilmgeschichte. Okay.

Also sollten wir unsere Geschichte aus dem, was wir oben in den letzten 4 Kapiteln vorbereitet haben, formen, wie Ein-Wort, Logline, entschiedener Held, sein Problem, der 360-Grad-Winkel des Problems und seine Lösung etc. Sie haben jetzt einen guten Einblick in Ihre Geschichte. Also, jetzt umreißen.

BEDEUTUNG DER ÜBERSICHT FÜR EINEN KURZEN FILM

#Jeder Film, der unter 40 Minuten läuft, wird im Allgemeinen als KURZFILM bezeichnet. Jeder Film, der länger als 40 Minuten läuft, wird als FEATURE FILM bezeichnet.

#Jeder Kurzfilm oder jedes Feature sollte einen Storyteil haben, d. H. Eine Story mit einem BEGINNING-Part, MIDDLE-Part (Problembereich) und END (Lösung für das Problem oder den Höhepunkt).

#Jede Gliederung sollte eine klare Vorstellung davon enthalten, wo die Geschichte BEGINNT, wo die Geschichte WACHSEN (Mitte) und wo deine Geschichte endet (Höhepunkt). Wenn Sie in diesen drei Dingen klar sind, dann ist Ihre Geschichte vollständig. Bitte schreibe 1-PARA deiner gesamten Geschichte mit den Ideen, wer dein Held ist, was sein Hauptproblem ist, wo das Problem anfängt und von wem, und wie der Held eine Lösung seines Problems findet - das haben wir alle oben in geschrieben letztes Kapitel mit 4 weißen Blättern weiß.

#Bitte nimm die 4-Blatt, wo du über Held, sein Problem und seine Lösung geschrieben hast, und benutze diese Ideen

WRITE 1-PARAGRAPH, die den gesamten Story-Umriss behandeln, wie zum Beispiel mit BEGINNING, MIDDLE und END. Das ist alles. Deine kurze Geschichte ist fertig.

WIE DEIN OUTLINE SOLLTE?

Ihre Gliederung sollte 1 Absatz und wenn es ein 16-Zeilen-Absatz ist,

#Sie sollten die ersten 4 Zeilen schreiben, um den Anfang Ihrer Geschichte zu erklären.

#Zweite 8 Zeilen sollten darüber sein, wie das Problem beginnt und wie es wächst und das Leben des Helden beeinflusst.

#Die letzten 4 Zeilen sollten das Ende der Geschichte (Höhepunkt) erklären. Insgesamt sollte Ihre Kontur scharf und scharf sein.

Verstehen.

STRUKTUR DER ÜBERSICHT

#Deine 1-seitige Extraktion von OUTLINE von den 4-seitigen Seiten über HERO ist das Basisdokument für den nächsten Wachstumsschritt deines Kurzfilm-Skripts.

#Die Geschichte BEGINN 4 Zeilen sollte den Beginn der Geschichte erklären und sollte sich auf den Inhalt des MITTEN Teils des OUTLINE beziehen.

Die MIDDLE-Teil-8-Zeilen sollten sich auf den Inhalt von BEGINNING-Teil-4-Zeilen beziehen.

#Die Linien des END-Teils 4 sollten sich auf die Linien des MIDDLE-Teils 8 beziehen.

Jetzt haben wir eine entscheidende Phase erreicht, um im nächsten Kapitel Szenen aus der einseitigen Story zu extrahieren.

Komm zum nächsten Kapitel.

KAPITEL 6: TEILEN SIE IHREN ÜBERBLICK IN 8 SCHRITTE AUF

Jetzt besteht die Aktivität für Sie darin, Ihre 1-seitige Gliederung in eine 8-Schritte-Tabelle aufzuteilen. Sie sollten 8 einzelne weiße Blätter nehmen, um diese Aktion auszuführen. Sobald Sie diese 8 Schritte abgeschlossen haben, können Sie nur Szenen aus jedem Schritt extrahieren, um eine komplette SZENENORDNUNG zu erstellen, bevor Sie ein SCREENPLAY für Ihren Kurzfilm schreiben.

Jeder Schritt benötigt mindestens 4 Zeilen. Sie werden mit 32 Zeilen mit 8 Schritten enden. Was sind das für 8 SCHRITTE? Wir werden eins sehen.

ERSTER SCHRITT:

Auch hier solltest du 4 Zeilen über das Leben deines Helden und seinen Hintergrund in 4 Zeilen schreiben. Der Held und sein Hintergrundleben sollten in diesem ersten Schritt wichtig sein.

ZWEITER SCHRITT:

Dieser Schritt sollte die physischen (Aussehen) und psychologischen (mentalen) charakteristischen Merkmale Ihres Helden in 4 Zeilen offenbaren.

DRITTER SCHRITT:

Dieser dritte Schritt sollte das Hauptproblem des Helden in deiner Kurzgeschichte in 4 Zeilen erklären.

VIERTER SCHRITT:

Wie das Hauptproblem der Geschichte das Leben und die Situation des Helden beeinflusst, sollte in diesem 4. Schritt in mindestens 4 Schritten erklärt werden.

FÜNFTER SCHRITT:

Dieser Schritt sollte erklären, wie der Held die Lösung seines Problems sucht, indem er die Geschichte in 4 Zeilen dreht.

SECHSTER SCHRITT:

Dieser sechste Schritt sollte die sekundären Probleme bei der Suche nach seiner Lösung für sein Hauptproblem in 4 Zeilen erklären.

SIEBZEHNTER SCHRITT:

Dieser Schritt sollte den letzten Kampf erklären, um sein Hauptproblem in Ihrem Kurzfilm in 4 Zeilen zu lösen.

ACHTER SCHRITT:

Wie der Held sein Hauptproblem löst, soll in diesem achten und letzten Schritt in 4 Zeilen erklärt werden.

Jetzt haben Sie nach Abschluss dieser 8 Schritte ein detailliertes Story-Bild mit 32 Zeilen in der Hand. Jetzt können wir zum nächsten Schritt übergehen, wie wir SCENE ORDER aus diesem Inhalt extrahieren können. Okay.

Komm zum nächsten Kapitel von MAKE SCENE ORDER.

KAPITEL 7: SZENE ORDNEN

Nur zur Erinnerung, wir haben 1-Wort- und 1-Zeilen-Geschichte (Logline) erstellt und 4 Fragen aufgeworfen und unsere Antwort in 4 Blättern geschrieben. Dann extrahiert unsere 1-Seite (12 Zeilen) OUTLINE von diesen 4 Seiten Inhalt. Dann teilten wir es als 8-Schritte-Teil und schrieben detailliert, was und wie das Problem des Helden begann und endete. Recht?

Jetzt sind wir bereit, Szenen aus jedem 8-stufigen Teilinhalt zu extrahieren. Okay. Davor solltest du verstehen, was eine Szene ist?

WAS IST EINE SZENE??

Eine Szene ist nichts, sondern ein reales Leben, das in einer bestimmten Position, Zeit, Ort, Position, Punkt oder Stelle geschieht. Eine Szene ist Teil einer Sequenz (Segmentteil) von Ereignissen in einem Kurzfilm, Film, Spiel, Webserie etc.

Szenen sollten eine Geschichte VISUELL mit TONBESCHREIBUNGEN und anderen Mikrodetails erklären, um dem Publikum ein verbessertes Erlebnis zu bieten.

AUSZUGSZENEN AUS JEDEM SCHRITT VON 8.

Was sollten Sie als Drehbuchautor Ihres Kurzfilms in diesem Kapitel tun?

Sie haben jetzt 8-stufige Inhalte in 8 einzelnen weißen Blättern. Recht?

#Sie sollten mindestens eine oder mehrere Szenen extrahieren.

WIE SOLLTE JEDE SZENE SEIN?

#Sie können jeden Schritt 4-Zeilen in Sätze aufteilen (Wörter von einem Punkt (.) Bis zu einem anderen Punkt (.)) Und die einzelnen Sätze nummerieren und jeden Satz zu einer Szene machen.

#Hier bedeutet Szene, was in jeder Szene mit einem richtigen Anfang, Mitte und Ende passiert.

#Jede Szene sollte VISUELL erweitert werden.

#Du darfst jetzt keine DIALOGE in deinen Szenen hinzufügen.

#Jede Szene sollte beschreiben, was mit der Szene oder Aktion der Szene zu tun hat, das ist alles. Nachdem wir SCENE ORDER aus diesem Schritt erstellt haben, können wir Dialoge und Soundbeschreibung hinzufügen. Verstehen?

#Jeder Satz von Story-Informationen sollte in eine Szene umgewandelt werden.

#Nummeriere jeden Satz und mache ihn zu einer Szene.

#Jede Szene sollte mit der nächsten und vorherigen Szene verbunden sein. Dies ist sehr wichtig.

#Jedes Szenengeschäft oder jede Handlung sollte die Geschichte einen Schritt vorher verschieben.

#Sollte keine Aktion oder Geschäft erneut unnötig wiederholen.

#Schreiben Sie ein Flussdiagramm aller Szenen aus allen 8 Schritten.

#Jede Szene sollte miteinander verbunden sein, um deine Geschichte geordnet zu zeigen. Am Ende der Szenen-Extraktion haben Sie also mindestens 8 bis 12 weitere Szenen auf Ihrer Hand.

ZAHLEN SIE IHRE JEDE SZENE UND ZIEHEN SIE JEWEILS IN EINEM WEIssEN BLATT AB.

Wenn Sie die Extraktion von Szenen aus jedem Satz aus 8-stufigen Informationsblättern abgeschlossen haben, haben Sie jetzt eine vollständige SZENENORDNUNG. Jetzt können wir zum nächsten Kapitel von SCREENPLAY-DIALOGUE als nächstes übergehen.

Komm schon.

KAPITEL 8: SCREENPLAY-DIALOGE SCHREIBEN

Sobald Sie mit Ihrer SCENE ORDER-Liste zufrieden sind, wie Sie aus dem obigen Kapitel gelernt haben. Sie sind bereit, SCREENPLAY mit DIALOG und TONBESCHREIBUNGEN nacheinander aus Ihrer Liste in separaten weißen Blättern in Ihre Szene zu schreiben.

Wir werden sehen, wie Sie Schritt für Schritt aus Ihrer Szenenauftragsliste Drehbücher und Dialoge für jede Szene schreiben können.

WIE SIE SCREENPLAY-DIALOG IN WEISSE BLÄTTER SCHREIBEN KÖNNEN?

BITTE BEACHTEN

Wenn Sie mit Computern und Software zum Erstellen von Drehbüchern nicht vertraut sind (ich werde erklären, wie Sie sie im letzten Kapitel verwenden), können Sie nur mit weißen Blättern schreiben.

Nehmen Sie von Ihrem Scene Order Sheet eine Szene (Geschäft oder Aktion). Erstellen Sie in einem weißen Blatt einen Rand, indem Sie die linke Seite falten, und fangen Sie an, einige Details zur Szenenbeschreibung einzugeben, z. B. wo es passiert, wenn dies geschieht, indem Sie kurze Beschreibungen angeben.

#Wenn eine Szene im Inneren eines Hauses, einer Firma oder eines anderen Ortes passiert, können Sie sie wie INT notieren. (Innen) auf der linken oberen Ecke. Wenn Szene irgendwo außerhalb auftritt, sollten Sie sie als EXT bezeichnen. Das ist die Hauptsache.

ZEIT MENT

#Dann, nach dem Verlassen eines einzigen Raumes sollten Sie angeben, wann es Nacht oder Tag passiert (auch die Zeit ist Abend ist es Tag nur in der Skriptsprache, da es etwas Sonnenlicht in der Umgebung gibt. Die Szene wird als Nacht bezeichnet, auch wenn es passiert Abends um 7 Uhr, da es kein Sonnenlicht gibt. Bitte beachten Sie dies.). Beispiel Illustration ist hier von einem meiner Kurzfilm-Skripte.

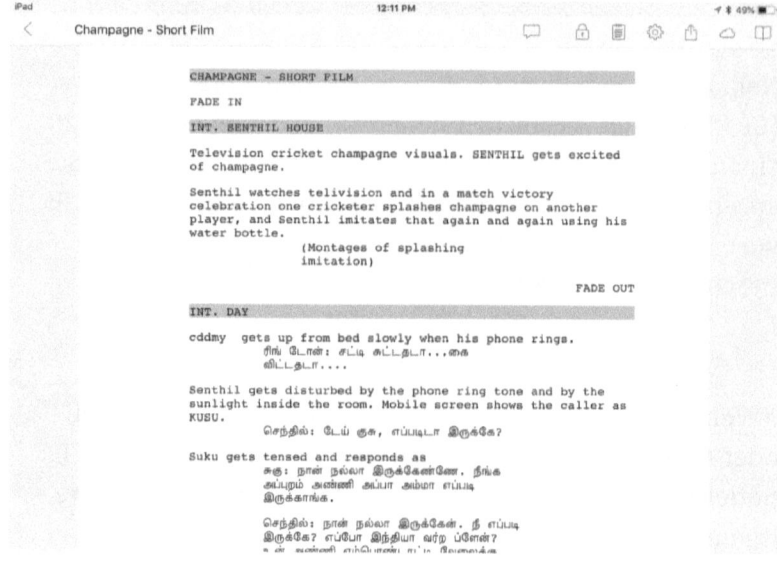

GESCHÄFT ODER AKTION

Danach können Sie schreiben, was in dieser Szene als eine Beschreibung wie im obigen Bild passiert. Sie können den Satz stoppen, wenn ein Charakter mit einem anderen spricht. Der Dialog sollte manuell in einem weißen Blatt im mittleren Teil des Blattes geschrieben werden, um den Dialogteil vom Aktions- oder Geschäftsteil zu unterscheiden.

DIALOGE

Dialoge sollten im mittleren Teil des weißen Blattes nach dem Beschreibungssatz hinzugefügt werden, wo der Dialog mit dem Charakternamen und dem Doppelpunktsymbol (:).

PARENTHESE ():

Klammern können verwendet werden, wenn Sie eine besondere Erwähnung für den Schauspieler oder Assistenten oder Kameramann oder andere Künstler oder Techniker, die in Ihrem Film arbeiten, sollten in einer Klammer oder Klammer erwähnt werden, wo immer Sie es in der Szene wollen.

SZENENÜBERGÄNGE

Nach Zeit, Ort, Aktion, Dialogen und speziellen Erwähnungen sollten Sie erwähnen, wie Ihre Szenen enden wie CUT TO oder FADE OUT oder DISSOLVE OUT usw. in der rechten Ecke des weißen Blattes.

Schreibe jede Szene in separate Blätter und füge Drehbuchbeschreibungen wie oben hinzu. Auf diese Weise können Sie ein professionell gestaltetes Drehbuch nur mithilfe von weißen Blättern erstellen.

Im nächsten Kapitel werden wir den interessanten Teil der Verwendung von SCREENWRITING SOFTWARE für Ihren Kurzfilm oder Ihren Spielfilm usw. Okay.

Komm schon.

KAPITEL 9: SCREENWRITING SOFTWARE VERWENDUNG

Dieses Kapitel widmet sich der Erstellung von Screenwriting-Software für kurze Film- oder Spielfilm-Drehbücher.

SCREENWRITING SOFTWARE HELFEN KREATIV?

Nein.

WARUM SOLLTEN WIR SCREENWRITING SOFTWARE BENUTZEN?

Es gibt eine Menge Online- und Offline-Software, die auf dem Markt mit verschiedenen Namen und mit unterschiedlichen Funktionen und in unterschiedlichen Preisen angeboten wird. Und was macht diese Drehbuchsoftware eigentlich? Sind sie hilfreich beim kreativen Prozess von Skripten? Nein. Diese Software ist nur hilfreich beim Formatieren Ihrer Texte. Das ist alles.

SIE FÜHLEN SICH SPEZIELL, WENN SIE SOFTWARE SCHREIBEN

Heutzutage benutzen alle Computer, Smartphones und iPads usw. wie ihr sechster Finger und so ist die Internetnutzung im Vergleich zu einigen Jahren weltweit enorm. Die Internet-Technologie wächst von Tag zu Tag und hat heute ihre Spitzenposition erreicht. Also, etwas mit weißen Blättern zu schreiben, ist eine altmodische Art und Weise. Alle haben einige Apps, um ihre tägliche Arbeit in ihren Computern, Mobiltelefonen, iPads und so weiter anders zu erledigen. Also, das Schreiben von Software ist heutzutage auch keine wunderbare Sache.

CELTX MEINE LIEBLINGSFREIE SOFTWARE

Obwohl es viele bezahlte Software wie Movie Magic, Final Draft, Fade In, Adobe Story usw. gibt, bevorzuge ich CELTX als meinen Favoriten, um meine tamilischen Kurzfilme und Spielfilme zu schreiben, weil es rein KOSTENLOS ist ...!!!

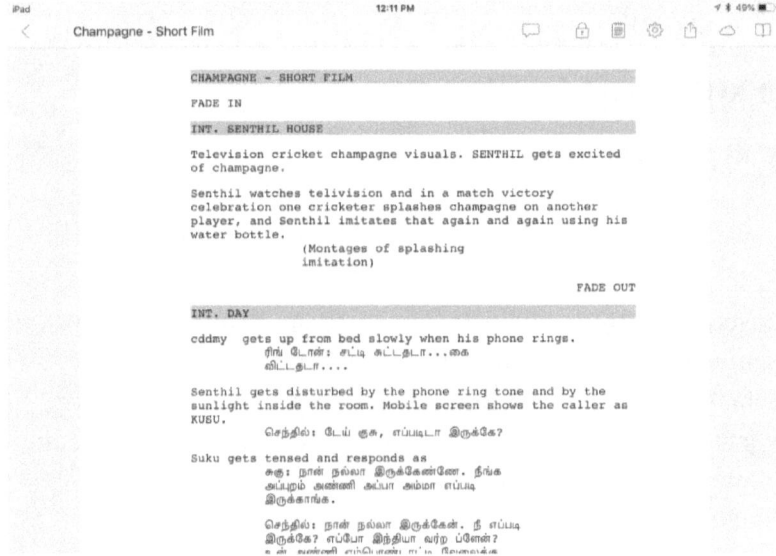

CELTX hat alle Hollywood-Qualität Skript-Funktionen, aber kostenlos. Alle Funktionen, die ich eingeführt habe, um Ihr Skript in weiße Blätter zu schreiben, basieren nur auf den Funktionen von CELTX.

Abgesehen von den bereits erwähnten, gibt es noch viele weitere fortgeschrittene Skript-Formatierungsoptionen wie Storyboard-Erstellung, Zeitplan-Erstellung usw., die darin enthalten sind. Sie können sie nutzen und den Vorproduktionskomfort mit CELTX genießen.

Jetzt gehen wir zum letzten Kapitel, um weitere Informationen darüber zu erhalten, wie Skripte mit CELTX in anderen Sprachen als ENGLISH geschrieben werden können.

KAPITEL 10: SCHRIFTSTELLEN IN ANDEREN SPRACHEN ALS ENGLISCH?

Es ist ein wichtiger Punkt zu beachten, dass viele kostenpflichtige und kostenlose Screenwriting-Software gemacht wird hauptsächlich Englisch Unterstützung. Schriftsteller, die kein Englisch sprechen, leiden unter der Verwendung dieser hochwertigen Software, die sie in ihren Filmen verwenden können. Sie sind gezwungen, nur auf Englisch zu schreiben.

Nach ein paar Monaten der Anstrengung, als ein tamilischer Schriftsteller in Indien fand ich ein magisches kostenloses Werkzeug, um in Ihrer eigenen Sprache zu schreiben und es in CELTX zu kopieren und zu speichern, um es für Ihre Vorproduktionsvorbereitungen zu verwenden.

VERWENDEN SIE GOOGLE TRANSLITERATE TOOL

#Gehen Sie zu Google und geben Sie "google transliterate tool" ein und Sie erhalten ein Schreibwerkzeug. In diesem Tool können Sie Ihre eigene Sprache auswählen und sie in Englisch eingeben und Sie erhalten dort Sprachausgabe.

#Sie können in Ihrer eigenen lokalen Sprache schreiben und sie kopieren und in das CELTX-Tool einfügen. Sie können später speichern und ausdrucken, nachdem Sie Ihr Skript vor der Aufnahme fertig gestellt haben.

Sind Sie mit diesen Informationen zufrieden? Ich war so glücklich, nachdem ich dieses Werkzeug bekommen habe und mein Drehbuch im Hollywood-Stil in meiner eigenen Sprache Tamil gesehen habe.

Bitte benutze alle Schreibtechniken und Werkzeuge wie oben erwähnt und erlange ALLEN ERFOLG IN DEINER KREATIVEN WELT.

Alles Gute.

(ENGLISH TRANSLATION VERSION CONTINUES)

HOW TO WRITE A SHORT FILM SCREENPLAY FAST IN 1 DAY? -

A COMPLTE STEP-BY-STEP PRACTICAL GUIDE OF HOW TO CONVERT YOUR VAGUE IDEA INTO A PERFECT SCREENPLAY...!!!

SASI KRISH

Copyright © 2018, 2019, 2020, 2021 by Sasi Krish. All Rights Reserved.

No part of this publication may be reproduced, distributed, or transmitted in any form or by any means, including photocopying, recording, or other electronic or mechanical methods, or by any information storage and retrieval system without the prior written permission of the publisher, except in the case of very brief quotations embodied in critical reviews and certain other noncommercial uses permitted by copyright law.

This book was published thanks to free support from GOD:

Table of Contents

WHY I WROTE THIS BOOK?

WHY YOU SHOULD READ THIS BOOK?

CHAPTER 1: DECIDE YOUR 1-LINE STORY

CHAPTER 2: FIND A GREAT LOGLINE (1-LINE STORY)

CHAPTER 3: ALWAYS WAIT FOR NEW STORY IDEAS

CHAPTER 4: RAISE 4 QUESTIONS FROM YOUR LOGLINE

CHAPTER 5: OUTLINE YOUR SHORT FILM

CHAPTER 6: DIVIDE YOUR OUTLINE INTO 8 STEPS

CHAPTER 7: MAKE SCENE ORDER

CHAPTER 8: WRITE SCREENPLAY-DIALOGUES

CHAPTER 9: SCREENWRITING SOFTWARE USAGE

CHAPTER 10: HOW TO WRITE SCRIPTS IN LANGUAGES OTHER THAN ENGLISH?

About The Author

WHY I WROTE THIS BOOK?

As a cause and effect of strong passion in film acting in the last 15 years I ended up in motivated towards becoming a filmmaker. Filmmaker dream ended up in searching for commercially profitable stories and then finally I reached to a point where I started to learn how to write a 'good screenplay'.

I started to learn movies creatively only by watching movies with a notebook observation and note making by counting each scene and shots using fingers and noting everything orderly on a regular basis. This practice gave me a great 'insight' about how movies are split into shots and how each shot makes a meaningful scene and as a whole a complete movie.

After a few months of this kind of 'movie-observing' practice, I started to read books of authors like Syd Field about screenplay making very passionately. Slowly got addicted to see world movies by in all languages, such as English, Italian, Iranian, Korean etc. and I have seen these movies only after reading the script from online. Each movie stunned me with its unique style of writing and perfect making. This kind of practice advanced my writing interest. In 2014, I was selected to participate in International Screenwriting Workshop organized by IIT-Madras and this deepened my writing knowledge a bit more and gave me great confidence in my screenplay attempts.

In total, I have spent my last 15 years of life for learning how to write a great screenplay for movies and short films; and this book is an ESSENCE of what I learnt in my life about screenplay making and my attempts in screenplay writing. Please read and get benefited.

WHY YOU SHOULD READ THIS BOOK?

This book will help you...

Because in this very fast internet age, all possess smart phone with quality cameras inside, so it is possible to make any social media content to get fame easily. People who can create any online content like short films or music videos or any other can easily make them famous online in a very short period of time. Only they want some movie content with some editing skills.

But any content, should be scripted properly before organizing them into a filmy content, then only it can be shot promptly to make the audience enjoy, this rule is very important especially for SHORT FILMS.

Many new short filmmakers emerge as successful film directors in the mainstream cinema after proving their passionate skill in film making after making some short films before they jump into commercial cinema to make millions as their salaries.

So, any filmmaking passionate person who wants to write good scripts for their short film projects will get benefited after reading my step-by-step guide of how to make a fast screenplay in Hollywood style e-book.

Chapter 1. DECIDE YOUR 1-LINE STORY

1. Find a perfect matching '1-word' from your story idea

It is not an evident fact that any movie that would bud from 'only one word' – I recently have known this interesting and very useful fact. My screenwriting Guru told me that 'Godfather' movie was born from a single word 'possession.' I thought about this fact and identified it was exactly right concept. You can check as many as movies in your favorite list and list the 'one word' hidden in each movie, just do this for your training purpose. You will surely be amazed that all great movies are based on only one 'perfect word.' Then, what is your perfect word for your short film or feature film screenwriting? Find out first.

#jot down your one-word for your story ideas.

You can take a white sheet and jot down that 'one word' from your vague story idea. And jot down whatever the word you find perfect for your short film.

Take 10 minutes or even more and note down that 'perfect word' you identified for your story (this need not be the title of the short film; that is different!)

#Have you found your 'miracle 1 word' from your story idea. Note it. In the great world blockbuster movie 'Godfather' story, the 'miracle 1 word' is POSSESSION. What is your 1-word???

That's all your primary task of short film script is over now.

Chapter 2. FIND A GREAT LOGLINE (1-LINE STORY)

2. What is a LOGLINE?

Now, you have the powerful story-describing 1-word in your paper, okay. Now what? Now, you should write 1-line that is known as 'LOGLINE' of your story based on your 1-word extracted you're your vague story idea.

#For example, the one-word for 'Godfather' movie is POSSESSION, we have already told, and the logline or 1-line story of Godfather may be 'how the Don Vito Corleone (Marlon Brando) handles the situation to give the city's don world's supreme possession to his younger son.' Like this, you should frame 1-line idea of your story after finding the proper 1-word from your vague story idea.

#Take 1 white sheet and jot down more than one loglines or 1-line story ideas from your vague story idea of what your 1-word selected.

#Stop writing the 1-line when you are satisfied with the best logline. Now you have done an important task in the travel of your great screenplay for your short film (this will be your final story idea ready to move further next step to write outline using it).

In current situation of Indian cinema, most big directors reveal their log line (1-line story) first to the topmost actors (these actors are busy acting in their hectic schedule, unable to sit and listen the full story) and after the actor gives his consent or liking to the 1-line story of the director, then the director will organize a discussion team and develop that 1-

line idea into to a 'bound script' to narrate to the actor before they plan the shooting.

#So, 1-line story is very very important for any short film, feature film, or any novel idea, or any web series etc from the producer's and actor's point of view, as they will invest a huge money when that idea is made into a movie.

#So, please give good care and write a perfect 1-line story idea FIRST.

3. HOW YOUR LOGLINE SHOULD BE?

Read the below 3 log-lines first and so you can get an idea of the structure of your first 1-word story or log-line.

Example 1: **1-word 'incident'.**

Log line: How Two split thick friends join again after that particular incident in the bar (an emotional idea).

Example 2: **1-word 'trap'**

Log line: Hero who is trapped in the time-machine after forgetting the passcode and how he returns to the present time (a science fiction idea).

Example 3: **1-word 'realization'**

Log line: Hero and heroine how they realize their love after part their ways after college life (romantic idea).

Understood the core idea of 1-line story deciphered from your powerful 1-word from the vague story idea?

Please pick one-line story idea and we can move to the next very important chapter of how to frame outline for your short film.

Why LOGLINES are important?

An one-line unique story idea can always be expanded as a big screenplay by some processes we are going to learn in the following chapters. So, before meeting any actor or producer or any director, you should keep your many loglines of your stories and reveal them when necessary. If they line any particular one-line story or logline, you can show your complete screenplay of that idea. This will be an effective idea to convert your script into money in the mainstream cinema.

Tasks to be completed list:

3. Most suitable 1-word finding and noting down in the sheet where you are going to write log-line.
4. Writing the most suitable Log-Line (one-line story).

Practice Tips:

Take 30 minutes to 1 hour time to write your log line or 1-line story from your perfect 1-word.

Required materials:

1 white sheet and pen or any mobile note app to write.

Chapter 3. ALWAYS WAIT FOR NEW STORY IDEAS

As a screenwriter you should keep the following points in their mind.

Any Story is just nothing, but should be an idea of how people be or a situation be in a curtained conditioned situations. As a screenwriting-passionate you should wait for new ideas to spark in your brain before you convert them into a screenplay (by making 1-word and then a logline). Have you thought about any time in your life how writers usually get ideas for their short films or feature films or novels or any other content?

Be vigilant

#Writers are always vigilant about their surrounding world situations and get many ideas from their experiences of life. For example, when you travel in a local bus or train or during an air travel you meet new people. You should observe them and open your eyes and ears what they talk to themselves or how they behave etc. This kind of observation will help you while thinking about new ideas for your short films or feature films. You can create new new characters from whatever you observed in your life situations.

Always Keep A Notebook and Pen in your Pocket

When you meet new people or situations, you should note new and unique points like new people and their behaviors and their problems etc. Any time you can get a story idea from them. If you forget to take a note time to time, you will forget about any new idea from that situation after some time. So, keep a pen and a small notebook in your pocket always and note new situations or new people often for the future usage. You can also use any mobile note app instead of pen and paper. It is your choice.

CHAPTER 4. RAISE 4 QUESTIONS FROM YOUR LOGLINE

2. *PREPARE YOURSELF TO ASK 4 QUESTIONS*

Materials needed: 4 single white sheets and pen or any mobile app for writing.

If you are already understood what is the perfect 1-word of your short film and it's logline (1-line story), then you are ready to move to the next chapter of raising 4 questions keeping your logline.

These 4 questions are very important if you give proper reasonable answers to them from your story-point-of-view. Then, your story will develop more.

To enter 4-question step, you should keep 4 single sheet white sheets in your hand now. You should write each question you are going to raise on the top of each page with giving space below to fill. So, 4 pages with top side with 4 questions, right?

Now, we will know how to raise 4 questions and how to answer them.

3. WHAT ARE THOSE 4 QUESTIONS?

QUESTION #1: <u>WHO IS YOUR HERO OR HEROINE OF YOUR STORY?</u>

The answer may be your hero a male or female or even an animal or any inanimate things etc. Please decide who is your hero first. Write it down below the question of the first page.

Your story might revolve around any man character like a student, king, hunter, businessmen, or any. Or even a female character like a college girl, an old women, a queen, or any sportsperson etc. Or even your hero may be a dog, horse, cat, tiger, or lion or any of other bird or insect, Or even may be a stone rock…!!

Please decide your HERO first.

Now, describe your character's based upon

#External appearance (white or black or short or tall, ugly or handsome etc).

Internal psychological characteristic features (angry youngman or cool or fearful or literate or illiterate etc.).

#His or her or its friends, family surroundings, other related characters etc.

Write the above details in a single sheet under the question #1.

QUESTION #2: **WHAT IS YOUR HERO'S IMPORTANT PROBLEM IN THE STORY?**

Now, ask an important question of what is the important PROBLEM your lead role faces in your short film. Please write down.

#The problem, for example, may be the hero's journey to search for his missing pet animal or anything kind of description.

#The story's important PROBLEM should be lucid and easily solvable or understandable by all, it is very important because audience may be of all sort of community or you may focus on a certain community or society, it is your wish as a writer.

#Please write down this answer in the sheet 2 under the question for it.

QUESTION #3: **WHAT IS THE BACKGROUND OF YOUR HERO'S IMPORTANT PROBLEM ?**

Now, you should write the answer to the 3rd question in the 3rd single sheet. The answer should describe

#The background of the hero's problem i.e. how the problem affects hero physically and mentally.

#Who are all other characters involve in the problem of hero's.

#Where the problem happens.

#How the problem develops.

After giving clear description of the above branch questions, this 3rd sheet will give a you a 360-degree understanding of your short film based on hero's problem.

Now, we can move to question #4.

QUESTION #4: **WHAT IS THE 'SOLUTION' FOR YOUR HERO'S IMPORTANT PROBLEM ?**

In the 4th and final question page, you should clearly mention what is the solution you are going to give to your hero's main problem in your short film?

The resolution of your short film may be twisty, acceptable and logical and understandable by your audience.

Please write the problem solution in the 4th answer page now.

That's all. Now, your 1-line LOGLINE is being developed as a 4-page descriptive clear story content. Congratulation..!!

Now, what is it?

OUTLINE of your story should be written. Shall we move to the exciting OUTLINE chapter now. Come on.

CHAPTER 5. OUTLINE YOUR SHORT FILM

WHAT DOES AN OUTLINE MEAN?

A set of lines that indicate what is the shape of a story or a drawing is known as OUTLINE. Here we mean the outline as the shape of our short film story. Okay.

So, we should give a shape to our story now from what we have prepared above in the last 4 chapters, such as one-word, logline, decided hero, his problem, the 360-degree angle of the problem and its solution etc. So, you have a good insight of your story now. So, OUTLINE it now.

IMPORTANCE OF OUTLINE FOR A SHORT FILM

#Any film that runs below 40 minutes of time is generally termed as a SHORT FILM. Any film that runs above 40 minutes is called as a FEATURE FILM.

#Any film short or feature should have a story part i.e. a story with a BEGINNING part, MIDDLE part (problem area), and the END (solution to the problem or climax).

#Any outline should contain a clear idea of where story BEGING, where story GROWS (middle), and where your story ENDS (climax). If you are clear in these three things then your story is a complete one. Please write 1-PARA of your whole story using the ideas of who is your hero, what is his main problem, where the problem starts and by whom, and how the hero gets resolution of his problem- these we have all written above in the last chapter using 4 white sheets know.

#Please take the 4-sheets where you have written about hero, his problem, and its solution, and using those ideas WRITE 1-PARAGRAPH that deals the whole story outline such as with a BEGINNING, MIDDLE, and END parts. That's all. Your short film story outline is ready.

HOW YOUR OUTLINE SHOULD BE?

Your outline should be 1 paragraph and if it is a 16-line paragraph,

#You should write first 4 lines to explain the beginning of your story.

#Second 8 lines should be about how problem starts and how it grows and affects hero's life.

#The last 4 lines should explain the end of the story (climax). In total, your outline should be crisp and sharp.

Understand.

STRUCTURE OF OUTLINE

#Your 1-page extraction of OUTLINE from the 4-pages about HERO is the basic document to the next step of growth of your short film script.

#The story BEGINNING 4 lines should explain the story beginning and should relate to the content of MIDDLE part of the OUTLINE.

#The MIDDLE part 8 lines should relate to the content of BEGINNING part 4 lines.

#The END part 4 lines should relate to the MIDDLE part 8 lines.

Now, we have reached a crucial stage of extracting scenes from the outline 1-page story in the next chapter.

Come on to the next chapter.

Chapter 6. DIVIDE YOUR OUTLINE INTO 8 STEPS

Now, the activity for you is to divide you 1-page outline to a 8-step sheet. You should take 8 single white sheets to do this action. Once you finished these 8 steps, then only you can extract scenes from each step to make a complete SCENE ORDER before you jump into write a SCREENPLAY for your short film.

Each step needs at least 4 lines to complete. You will end up with 32 lines with 8 steps. What are those 8 STEPS. We will see one by.

FIRST STEP:

Again, you should write 4 lines about your hero's life and it's background in 4 lines. Hero and his background life should be given importance in this 1st step.

SECOND STEP:

This step should reveal the physical (appearance) and psychological (mental) characteristic features of your hero in 4 lines.

THIRD STEP:

This 3rd step should explain hero's main problem in your short story in 4 lines.

FOURTH STEP:

How the main problem of the story affects hero's life and situation should be explained in this 4th step in at least 4 steps.

FIFTH STEP:

This step should explain how the hero searches the solution to his problem by first TURNING POINT of the story in 4 lines.

SIXTH STEP:

This 6th step should explain the secondary problems while searching for his solution to his main problem in 4 lines.

SEVENTH STEP:

This step should explain about the final struggle to solve his main problem in your short movie in 4 lines.

EIGHTH STEP:

How hero solves his main problem should be explained in this 8th and final step in 4 lines.

Now you have a 32-line complete detailed story picture in your hand now after completing this 8 steps. Now, we can move to the next step of how we can extract SCENE ORDER from this content. Okay.

Come on to the next chapter of MAKE SCENE ORDER.

Chapter 7. MAKE SCENE ORDER

WHAT WE HAVE DONE YET?

Just for a reminder, we have created 1-word and 1-line story (logline) and raised 4 questions and wrote our answer in 4 sheets. Then, extracted our 1-page (12 lines) OUTLINE from those 4 pages of content. Then, we split it as 8-step part and wrote in detail of what and how hero's problem started and finished. Right.?

Now we are ready to extract scenes from each 8-step part content. Okay. Before that you should understand what is a scene?

WHAT IS A SCENE?

A scene is nothing, but a real life happening or in imagination in a certain location, time, place, position, point, or spot. A scene is a part of a sequence (segment part) of events in a short film, film, play, web series etc.

Scenes should explain a story VISUALLY with SOUND DESCRIPTIONS and other micro details to the audience to give an enhanced experience.

EXTRACT SCENES FROM EACH STEP OF 8.

What should you do as a screenwriter of your short film in this chapter?

You have 8-step content in different 8 single white sheets now. Right?

#You should extract at least one or more scenes.

HOW SHOULD EACH SCENE BE?

#you can split the each step 4-lines into sentences (words from one full stop (.) to another full stop (.)) and number each sentences, and make each sentence into a scene.

#Here scene means what is the business or action happening in each scene with a proper beginning, middle, and end.

#Each scene should be expanded VISUALLY.

#You MUST NOT add DIALOGUES in your scenes.

#Each scene should describe what is the business of the scene or action of the scene, that's all. We can add dialogues and sound description after we created the SCENE ORDER from this step. Understand?

#Each sentence of story information should be converted into a scene.

#Number each sentence and make them into a scene.

#Each scene should be interconnected to the next and prior scene. This is very important.

#Each scene business or action should move the story one step before.

#Should not repeat any action or business again unnecessarily.

#Write a flow chart of all the scenes from all the 8-step part.

#Each scene should be interconnected to reveal your story in an orderly manner. So, at the end of scenes extraction you will have at least 8 to 12 more scenes in your hand.

NUMBER YOUR EACH SCENE AND JOT DOWN ONE BY ONE IN A WHITE SHEET.

If you complete extraction of scenes from each sentence from 8-step information sheets, now you have a complete SCENE ORDER. Now, we can move to the next chapter of SCREENPLAY-DIALOGUE part next.

Come on.

Chapter 8. WRITE SCREENPLAY-DIALOGUES

Once you are satisfied with your SCENE ORDER list as you worked out from the above chapter. You are ready to write SCREENPLAY with DIALOGUE and SOUND DESCRIPTIONS to your scene one by one from your list in separate white sheets.

We will see how you can write screenplay and dialogues to each scene from your scene order sheet now step by step.

HOW YOU CAN WRITE SCREENPLAY-DIALOGUE IN WHITE SHEETS?

PLACE MENTION

If you are not familiar with computers and screenwriting software (I will explain about how to use them in the final chapter), you can start to write using white sheets only.

From your scene order sheet take one scene (business or action) . In a white sheet make a margin by folding the left hand side and start to put some scene description details like where it happens, when it happens by denoting short descriptions.

#If a scene happens interior of a house or a company or any other place you can note it like INT. (interior) on the left hand top corner. If scene happens exteriorly anywhere you should denote it as EXT. This is the primary thing.

TIME MENTION

#Then, after leaving a single space you should denote when it happens NIGHT or DAY (even the time is evening it is day only in script terms as there is some sunlight in the surroundings. The scene will be denoted as night even it happens in the evening 7o'clock, as there is not sunlight. Please keep this in mind.). Example illustration is here from one of my short film scripts.

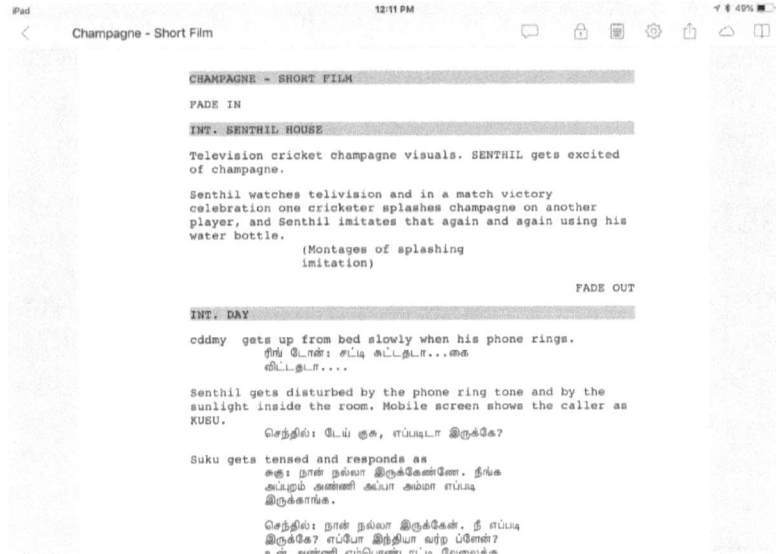

BUSINESS OR ACTION

After this you can write what happens in that scene as a description as in the above image. You can stop the sentence if any character speaks to some other. Dialogue should be written manually in a white sheet in the middle part of the sheet to differentiate dialogue part from the action or business part.

DIALOGUES

Dialogues should be added in the middle part of the white sheet after the description sentence where the dialogue starts with the character name and colon symbol (:).

PARENTHESIS ():

Brackets can be used if you feel any special mention for the actor or assistant or cinematographer or any other artists or technicians work in your movie should be mentioned in a bracket or parenthesis wherever you want it in the scene.

SCENE TRANSITIONS

After time, place, action, dialogues, and any special mentions, you should mention how your scenes ends like CUT TO or FADE OUT or DISSOLVE OUT etc in the right hand corner of the white sheet.

Write each scene in separate sheets and add screenplay descriptions as above. In this way, you can complete a professional-look screenplay just by using white sheets only. In the next chapter, we will know the interesting part of how to use SCREENWRITING SOFTWARE to write for your short film or your feature film etc. Okay. Come on.

Chapter 9. SCREENWRITING SOFTWARE USAGE

This chapter is dedicated to make you aware of screenwriting software to make you short film or feature film scripts.

SCREENWRITING SOFTWARE HELP CREATIVELY?

No.

WHY SHOULD WE USE SCREENWRITING SOFTWARE?

There are a lot of online and offline software is in the market with different names and with different features and in different prices. And what this screenwriting software actually do? Are they helpful in creative process of scripts? No. This software is only helpful in properly formatting your writing. That's all.

YOU WILL FEEL SPECIAL WHEN YOU WRITE USING SOFTWARE

Nowadays, all use computers, smart phones, and ipads etc like their sixth finger and so internet usage is vast worldwide comparing a few years back. Internet technology is growing day by day and it has reaches its peak position these days. So, writing anything using white sheets is an old-fashioned way. All have some apps to do different different their daily task in their computers, mobile phones, and ipads and so on. So, writing software usage is also not a wonderful thing nowadays.

<u>CELTX</u> MY FAVORITE FREE SOFTWARE

Though there are many paid software like Movie Magic, Final Draft, Fade In, Adobe Story etc, I prefer CELTX as my favorite to write my Tamil short films and feature films because it is purely FREE…!!!

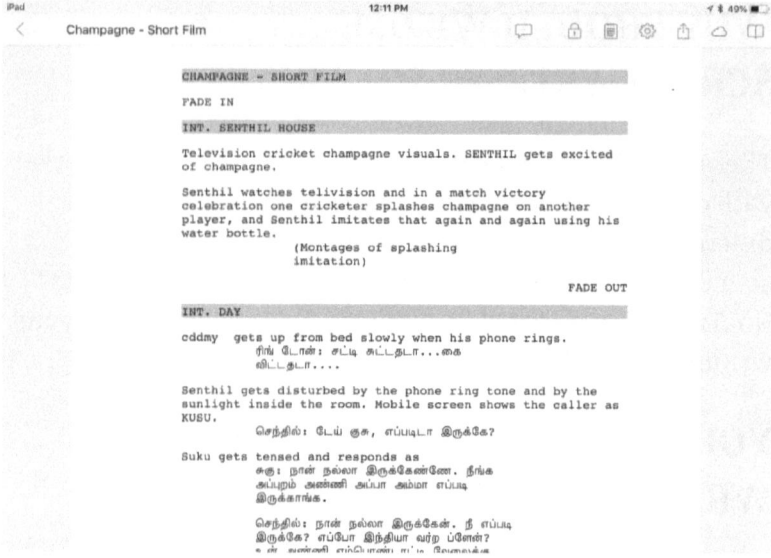

CELTX has all Hollywood quality script making features, but for FREE. All the features I introduced to write your script in white sheets are based on the features of CELTX only.

Apart from those I mentioned, there are plenty of other advanced script formatting options like storyboard creation, schedule creation etc are there inside. You can use them and enjoy the preproduction comfort using CELTX.

Now, we are moving to final chapter of knowing additional information about how to write scripts using CELTX in languages other than than ENGLISH.

Chapter 10. HOW TO WRITE SCRIPS IN LANGUAGES OTHER THAN ENGLISH ONLINE?

It is an important point to note that many paid and free screenwriting software is made supporting mainly ENGLISH language. Writers who don't know English are suffering from using this kind of quality software to use in their movies. They are in a compulsion to write only in English.

After a few months of effort, as a Tamil writer in India I found one magical free tool to write in your own language and copy paste them in CELTX often and save to use for your preproduction preparations.

USE GOOGLE TRANSLITERATE TOOL

#Go to Google and type "google transliterate tool" and you will get a writing tool. In this tool, you can select your own language and can type it in English and you will get you language output there.

#You can write in your own local language and copy and paste them in the CELTX tool and can save and print out later once you completed your script before shooting.

Are you happy with this information? I was so happy after I got this tool and see my script in Hollywood style in my own language Tamil.

Please use all the writing techniques and tools as I mentioned above and get ALL SUCCESS IN YOUR CREATIVE WORLD.

All the Best.

Über den Autor

Sasi Krish is a blogger, and budding screenwriter, and a film enthusiast. This is my second digital book about short film script writing.

Inhaltsverzeichnis

www.ingramcontent.com/pod-product-compliance
Lightning Source LLC
Chambersburg PA
CBHW030454220526
45464CB00006B/2538